VE AL GRANO

Guía para principiantes sobre redacción de ensayos, pensamiento crítico y razonamiento lógico.

CONTENIDO

Introducción

¿No odias cuando alguien está hablando durante mucho tiempo, pero no tienes ni idea de lo que está diciendo?

Mentalmente, puedes estar moviendo la mano en un movimiento circular como: *"¡Muy bien, amigo, ve al grano de una vez!*

Bueno, esta es la cuestión...
Llegar al grano se **gana** .

No es un don que se le conceda a alguien sin ética de trabajo, una práctica sólida de la escritura y un perfeccionamiento diario de las habilidades de pensamiento crítico.

Este libro te enseñará el arte y la ciencia de escribir ensayos.

Es posible que en esta etapa de tu vida tengas una percepción muy negativa de la escritura de ensayos.

Tal vez en la escuela, el profesor te chupó la vida a la hora de escribir ensayos con sus fórmulas excesivas y sus formas rígidas de pensar.

"¡¡Usa el pulgar para hacer una sangría!! dijo.

Pero si entiendes el propósito de las redacciones, escribirlas se convierte en un placer.

Ya no escribes redacciones porque tienes que hacerlo.
Las escribes porque quieres.

Las redacciones son una forma estupenda de hacerlo:
- Aclara tus ideas.
- Expón tus argumentos.
- Persuade a los demás.
- Y me atrevería a decir... a créate a ti mismo.

Ve Al Grano

Dado que se trata de una guía para principiantes sobre la redacción de ensayos, no vamos a utilizar terminologías rebuscadas ni lenguaje pomposo.

Vamos a ir directamente al grano para que puedas empezar a crear ensayos significativos en:
- Escuela
- trabajo
- Negocios

Y mucho más.

El proceso de escritura de ensayos discutido en este libro es:
1. Crea tu contexto.
2. Investiga.
3. Crea un esqueleto.
4. Crea un borrador.
5. Edita.
6. Corrige.
7. Publica.

Antes de empezar, permítanme presentarme rápidamente.

Me llamo Arman Chowdhury, fundador
de ArmaniTalks.

ArmaniTalks es una empresa de medios
de comunicación que ayuda a ingenieros y
empresarios a mejorar sus habilidades de
comunicación para que puedan articular
sus ideas con claridad y confianza.

La marca ArmaniTalks abarca 6
competencias básicas:
- Concentracion
- inteligencia emocional
- Creatividad
- Contar historias
- Hablar en publico
- Habilidades sociales

La marca comparte su mensaje
predominantemente con el uso de
ensayos y relatos cortos.

Tengo un boletín diario en
armanitalks.com / newsletter donde
comparto mi mensaje sobre habilidades
blandas con una audiencia global.

Esta es solo una breve presentación mía y
estoy seguro de que nos iremos

conociendo más a medida que avance el libro.

La simplicidad es el nombre del juego, amigo mío.

Cuando la simplicidad se enfoca y se repite, la elegante complejidad se presenta de forma natural.

Permítenos aprender la división básica para que la división larga se haga sola.

Permítenos **ir al grano** .

Parte 1:

Conceptos básicos

|Qué esperar

Todo redactor de ensayos debe comprender algunos conceptos básicos que harán su viaje mucho más fácil.

Algunos de los conceptos básicos incluyen:

- Comprender qué es la lógica.
- Cómo ser un pensador crítico para poder resolver mejor los problemas.
- Entender qué son las palabras.

"¿Entiendes qué son las palabras?" ¿No todo el mundo sabe qué son las palabras? No.

En esta sección, cubriremos los fundamentos para que tenga **convicción** detrás de sus palabras.

| ¿Qué es la lógica?

La lógica es una serie de:
- Por eso sucedió esto.
- Por eso sucedió esto.
- Y por eso sucedió esto.

Las conexiones de "por eso sucedió esto" son la base de todos los estudios científicos.

Las conexiones de "por esto, esto sucedió" permiten pensar hacia atrás y/o hacia adelante.

Permítanme darles un ejemplo bastante oscuro.

Imagina que entras en una habitación después de oír gritar a una mujer.

Ve Al Grano

Entras y ves que la mujer tiene un ojo morado. Junto a la mujer hay un hombre que tiene una botella de alcohol vacía en la mano.

¿Cuáles son algunas conclusiones que puedes sacar?

Es entonces cuando nos activamos al revés pensando en:
- Por eso sucedió esto.

Si solo estuviera escupiendo, diría:
- El hombre debía haber estado bebiendo.
- Como bebía mucho, debe haberse puesto violento.
- Una vez que se puso violento, dejó volar sus puños.

Esta es una idea muy simple de retroceder para intentar evaluar lo que sucedió.

Toda lógica puede deformarse instantáneamente con más información.

Se agrega información que dice que esta mujer es conocida por engañar a las personas para arruinar sus vidas.
¡Ahora mi serie de lógica será completamente diferente!

- Vio que este hombre estaba bebiendo y quiso incriminarlo.
- Como estaba borracho, no tendría la capacidad de explicarse claramente.

Tener más información sobre el pasado de la mujer puede inclinar la balanza. "Debido a esto, esto sucedió" en una nueva dirección.

La nueva información siempre puede influir en las cosas.

Por lo tanto, siempre debemos estar en modo de aprendizaje, **especialmente** cuando usamos la lógica.

Alguien que tiene poca información en su base de datos a menudo sacará conclusiones precipitadas.
No hay mucha fluidez cuando saltan de un punto a otro. Todo es abrupto.

Ve Al Grano

Pueden decir algo como:
- Un perro es un animal.
- Entonces todos los animales son perros.

¿¿Eh??

Este es un ejemplo extravagante, pero tómate un poco de tiempo para pensar en alguien a quien le falta mucha lógica. Todos conocemos a una persona así.

Son impulsivos, les lavan el cerebro fácilmente, sacan conclusiones sesgadas como si les pagaran por ello y habitualmente ejercen un mal juicio.

Este es el tipo de persona que salta por todos lados.

Cuantos más ensayos escribas, más te verás obligado a utilizar la lógica.

Simplemente comprende que la lógica se reduce a una serie de:
Conexiones "Por eso pasó esto".

Y para que podamos sacar las mejores conclusiones lógicas posibles, debemos asegurarnos de acumular la mayor cantidad de información relevante posible.

¿Qué es el pensamiento crítico?

Si la lógica es energía potencial. El pensamiento crítico es energía cinética.

Aquí es cuando le damos vida a la lógica usándola en escenarios del mundo real.

Un ejemplo es cuando te quedas sin pasta de dientes. Todas las tiendas a tu alrededor están cerradas en este momento.

REALMENTE necesitas cepillarte los dientes.

¿¿A qué te dedicas??

Este es el momento perfecto para aprovechar algo de lógica para aprovechar el pensamiento crítico.

El pensamiento crítico y la experimentación van de la mano.

Quizás aprietas la pasta de dientes y no da suficiente pasta.

Esta es una forma suave de experimentación.

El nivel de deseo dictará cuánta experimentación se realizará.

REALMENTE necesitas el cogollo de pasta de dientes. Tu aliento huele a caca que pisaste y no te diste cuenta.

Ahí es cuando la urgencia lleva a una mayor experimentación.

Ahora mismo necesitas presión.
Con presión, el tubo conseguirá que los residuos de pasta de dientes lleguen a la superficie.

Ve Al Grano

Suficiente para 1 chorro.

1 chorro es todo lo que necesitas hasta que abran las tiendas.

En lugar de intentar apretar la parte superior del tubo, comience desde abajo. No sólo empiezas desde abajo, sino que te vuelves astuto.

Esto es cuando haces girar suavemente el tubo inferior con un movimiento circular agregando presión adicional.

La pasta de dientes comienza a salir.

¡Esto lleva a un descubrimiento fascinante!

No sólo tienes suficiente pasta de dientes para 1 chorro, sino para al menos 4 chorros más.

- La experimentación condujo al pensamiento crítico.
- El pensamiento crítico generó una presión adicional.

- La presión adicional provocó chorros adicionales.
- Y los chorros adicionales le ahorraron otro viaje a la tienda de conveniencia.

Si la lógica es:
- Por eso sucedió esto.

El pensamiento crítico es:
- Si hago esto, esto sucederá.

Comprender las palabras

Entiendes la lógica.
Entiendes las habilidades de pensamiento crítico.

Ahora es el momento de las palabras.

¿Sabías que cuando la lectura empezó a ser algo común, a menudo se la conocía como "adivinar"?

"¿Eh? ¿Qué quieres decir? Cuando leo las palabras, sé exactamente lo que se dice." CREES que sabes exactamente lo que se dice.

Sin embargo, nunca sabremos **completamente** la intención del autor, el uso del lenguaje en esa época y el contexto del contenido.

Un ejemplo es la palabra:
- Hedor.

Si yo digo:
Hola Jacob, hueles mal.

¿Cómo crees que se sentiría Jacob?

"¡Jacob se pondría furioso!"
¿Por qué dices eso?

"Porque hedor implica un mal significado".
Sí.

Pero si retrocedes 200 años, decir que alguien apestaba era un cumplido. Era equivalente a que dijeran:
Jacob, realmente amo tu colonia.

Al comprender que las palabras son maleables, debemos ser más conscientes. Muchas veces las palabras pueden malinterpretarse.

*Un gran ensayista no debería ponerse
simpático con eso.*

- El lenguaje simple vence al lenguaje
complejo.

Esto es difícil de digerir porque a menudo
fuimos recompensados por ser lindos
cuando éramos jóvenes.

Donde estábamos aprendiendo palabras
importantes, usando un lenguaje florido
que no avanzaba nuestro punto y usando
palabras para cumplir con un recuento de
palabras.

Todo eso puede funcionar en la escuela,
pero en el mundo real, se trata de
mantenerlo simple.

¿Qué más son las palabras?
"Uh… símbolos."

Correcto. ¿Qué representan estos
símbolos?
"Eh… no lo sé."

Los símbolos representan la vida.

La ciencia es el estudio del espacio, el tiempo y la causalidad.

Las palabras nos permiten experimentar nuestro entorno y darle significado para que nuestro mundo interno pueda procesar los datos.

Entonces el significado que creamos en nuestro mundo subjetivo puede transmitirse al mundo externo.

Las palabras son herramientas para escribir ensayos.
Enamórate de las palabras.

La inteligencia suprema de las palabras se conoce como inteligencia lingüística.

Parte 2:

¿Qué son los ensayos?

|Qué esperar

En la última sección, aprendimos algunos de los fundamentos que iban desde la lógica, el pensamiento crítico y las palabras.

En esta sección, utilizaremos los conceptos básicos para obtener una visión general de los ensayos.

Si alguien nunca antes ha visto un elefante...

- ¿Sería mejor mostrarles una parte del cuerpo del elefante a la vez?

O

- ¿Sería mejor mostrarles primero el elefante completo, para que cada parte del cuerpo tenga más sentido?

"¡El segundo!"
¿Por qué?

"Porque en una visión general los componentes individuales tienen contexto".
Correcto.

Asimismo, con una comprensión holística de lo que son los ensayos, entenderemos qué tienen que ver entre sí los temas, los estilos de redacción de ensayos y las palabras.

En esta sección, aprenderemos sobre el propósito de los ensayos, los estilos populares de ensayos, la diferencia entre ensayos y cuentos y cómo exponer un punto.

Ensayos para principiantes

Los ensayos son una colección de palabras entrelazadas para exponer un punto.

El punto dependerá del tipo de estilo de escritura que elijas.

Hay toneladas de estilos de redacción de ensayos que dependerán del contexto, la situación actual y la respuesta que intente obtener.

A veces, un ensayo describirá una determinada situación paso a paso. El punto es recapturar la situación en formato de palabra y transmitirla a la mente del lector.

Otro tipo de ensayo tiene como objetivo exponer la debilidad de un punto.

Si eres alguien que desprecia las pruebas estandarizadas, entonces el objetivo de tu ensayo sería utilizar la lógica para explicar por qué las pruebas estandarizadas no son beneficiosas para los estudiantes.

Otro estilo de ensayo es inspirar cambios. Digamos que no sólo quieres desglosar por qué las pruebas estandarizadas son inútiles, sino que también tienes una solución para reemplazar las pruebas. El objetivo de tu ensayo es desglosar tu solución y hacer que el lector imagine el camino alternativo.

Llegar al grano depende del tipo de ensayo que estés escribiendo.

|Ensayos populares

Existen muchos estilos de ensayo. Hablemos de algunos de los más populares.

Argumentar/Persuasivo

Las discusiones suelen resultar molestas en las conversaciones. Pero discutir es muy bueno en el mundo de la redacción de ensayos.

Aquí es cuando estás exponiendo la debilidad de un punto para persuadir al lector a tomar otro camino.

Un ejemplo que tengo con este estilo es cuando rompo el estigma negativo del fracaso.

Cuando era niño, no era un gran admirador de la educación formal. No me gustaban las pruebas.

Tuve un problema donde estudiaba mucho para el examen...
Pero el día del examen no me fue bien.

¡¡Entonces hubo una vendetta personal contra las pruebas!!

Cuando comencé ArmaniTalks, me di cuenta de cuánto necesitaba fallar para aprender a hablar en público. Sin fracasos, el progreso en la oratoria se habría reducido enormemente.

Mi venganza contra el sistema educativo formal se reavivó y escribí un ensayo sobre el valor del fracaso.

El ensayo utilizó la lógica para compartir cómo los fracasos eran tan importantes como los triunfos para el proceso de aprendizaje. En lugar de etiquetar tanto las cosas como "fracasos", sería más prudente verlas como "datos".

A partir de ahí, propuse una solución alternativa a la educación formal. En lugar de tener tantas pruebas en la escuela, ten más laboratorios. ¡Los laboratorios permiten a los estudiantes ensuciarse las manos y reprobar! Fracasar en este contexto es otra palabra para hacer retoques. Los retoques son la madre de la verdadera comprensión. Este es el tipo de comprensión que un examen de opción múltiple nunca podría brindar.

Este estilo argumentativo/persuasivo de redacción de ensayos a menudo nace de la pasión.

- ¿Qué te molesta?
- ¿O qué amas?

No permitas que la pasión te vuelva desquiciado y parcial. Haz todo lo posible para ver también el caso de la otra parte. Entiendo por qué la educación formal tiene exámenes. Es una herramienta de medición sencilla a medida que un sistema escolar escala.

Una vez que reconozca las ventajas del otro lado, utilice quirúrgicamente la lógica para separar al otro lado y proponer su solución.

Análisis crítico

Este estilo de redacción de ensayos no consiste en defender nada ni elegir ningún bando. En cambio, se trata simplemente de tener una idea y descomponerla.

Un tema de ensayo de ejemplo es: *Análisis del papel que jugarán las redes sociales en la cultura dentro de 100 años.*

Aquí es cuando el redactor del ensayo dedicará tiempo a acumular conocimientos sobre la tecnología de las comunicaciones, los efectos de las redes sociales en diferentes grupos de edad y el papel que la tecnología y la cultura desempeñaron entre sí a lo largo de la historia.

A partir de ahí, el escritor utiliza la lógica con un estilo progresista.

Finalmente, pueden proponer sus predicciones.

Este tipo de redacción de ensayos permite al ensayista desarrollar una comprensión más profunda del campo.

Proceso/Explicación

El objetivo de este estilo de ensayo es dar instrucciones.

Un ejemplo es cómo hacer contacto visual con alguien cuando estás nervioso.

Este ensayo puede incluir el papel del contacto visual en la comunicación. Luego, el ensayista compartirá un proceso sistemático sobre cómo mirar a alguien a los ojos, cómo romper el contacto visual y cómo entrecerrar suavemente los ojos.

Este tipo de ensayo elimina las conjeturas y permite al lector seguir una guía sencilla para partir de:
  - A->Z

Muchos propietarios de restaurantes reciben numerosos ensayos que describen cómo funcionan determinadas máquinas en el restaurante.

El propietario recibe los procesos para que pueda ejecutar sus sistemas sin muchos problemas y tener material de referencia para futuros empleados.

Estos estilos de ensayo populares a menudo pueden entrelazarse entre sí según el tema.

Diferencia entre ensayos y cuentos

Los ensayos y los cuentos a menudo se confunden entre sí, sin embargo, son diferentes.

-Los ensayos conducen con lógica.
-Los cuentos cortos conducen con narrativa.

Bien, dejando de lado la diferencia, aquí tienes una idea:

- COMBINA LOS 2.

Combinar ensayos y cuentos en uno es un paso intermedio a avanzado. Sin embargo, si eres capaz de utilizar la lógica y la narrativa, entonces el ensayo tendrá un impacto profundo en el lector.

Un ejemplo es cuando el ensayista intenta:

- Explica por qué un gato es mejor mascota que un perro para un empresario ocupado.

El ensayo puede tener una serie de puntos lógicos desglosados:

- Cómo la comida para gatos es más barata que la comida para perros.
- Cómo los gatos aprenden a ir al baño mientras que a los perros hay que enseñarles dónde hacer caca.
- No es necesario sacar a pasear a los gatos mientras que a los perros sí.
- Cómo las vacunas anuales para un gato son más baratas que las vacunas para un perro.

Muchos hechos, datos y gráficos, ¡genial! Estás expresando tu punto como una estrella.

Pero para expresar tu punto como una SUPERPSTAR, ¿qué genial sería si agregaras una anécdota personal de cuando tuviste un perro y un gato?

¿Entonces nos detallas tu experiencia de primera mano con ambos animales?

Agregar una historia a un ensayo requiere juicio.

Si tu objetivo es ser puramente objetivo, entonces la historia puede hacer más daño que bien.

Pero si escribes en un blog personal, la historia permitirá al lector comprender mejor tu punto.

Esta forma de escritura también se conoce como entretenimiento educativo. *Cuando el mundo de la educación y el entretenimiento se dan la mano.*

Esta es una mirada muy nueva a la redacción de ensayos que debería hacer que el ensayista se llene de entusiasmo.

"¿Estás diciendo que no tengo que exponer mis puntos de una manera seca y rígida?"
¡¡Correcto!!

No te dejes atrapar tanto por el proceso de escritura que olvides a quién le estás escribiendo.

Le estás escribiendo a un humano.

El ser humano promedio se aburre mucho durante el día. Viven su vida en modo repetición sin siquiera saberlo.

Si tu ensayo puede educarlos, y me atrevo a decir, hacerlos reír.... entonces empiezas a separarte del rebaño.

|Hacer un punto

Hacer un comentario depende del ensayo que estés escribiendo.

> **Los ensayistas promedio comienzan con el contenido y rezan para que el contexto se presente por sí solo.**

> **Los grandes ensayistas comienzan con el contexto y ven cómo se presenta el contenido.**

El contexto puede resultar difícil de comprender para un escritor de ensayos novato.

Porque es fácil ver físicamente el contenido que incluye las palabras, la gramática, la puntuación y todo eso.

Pero el contexto es el pegamento **invisible** que mantiene unido todo el ensayo.

¡¡Es el tema!!

"¿Cómo puedo enseñarle a mi mente a pensar en temas?"
Hay una variedad de maneras.

Mi forma favorita es simplemente preguntar:

- *¿Cuál es la esencia de lo que estoy tratando de decir?*

No subestimes esta pregunta en absoluto.

Esta pregunta activará la *cadena* que hace que la mente piense en temas.

Es porque estás obteniendo una comprensión general del ensayo en cuestión.

La mente tiene señal y ruido:
- El ruido es la basura.

- La señal es la información significativa.

Cuando preguntamos:
"¿Cuál es la esencia de lo que estoy tratando de decir?"

Lentamente, una señal comienza a surgir en la mente y el ruido puede detectarse y descartarse fácilmente.

El método GIST es sólo unidireccional.

El popular autor RL Stine es uno de los escritores más prolíficos de todos los tiempos. Es el creador de las series Goosebumps y Fear Street.

¿Sabes cómo piensa él del contexto?
"¿Cómo?"
Comienza con el título primero.

¡Solo imagina!
Esto es completamente diferente a lo que hacen muchos otros autores. Muchos autores terminan su trabajo y luego crean el título.

Sin embargo, RL Stine utiliza el título para comprender el contexto del libro.

A partir del contexto, crea un esqueleto (esquema) de cómo será la historia. Una vez que tienes el esquema, dices:
"La historia simplemente se escribe sola."

Si tienes dificultades con el contexto, simplemente puedes crear el título primero.

"Mis pensamientos sobre la injusticia racial en 2022".

Este título te permitirá realizar ingeniería inversa para que tu ensayo exista.

¡Felicitaciones! Estás preparando el escenario para exponer algunos puntos poderosos.

Parte 3:

Investigación y desarrollo

|Qué esperar

Es difícil ser arrogante cuando estás en modo de aprendizaje permanente.

Cuando veas a una persona engreída, asume que su aprendizaje ha terminado.

Un ensayista que deja de aprender comenzará inmediatamente a dudar de sí mismo. Se sentirá muy difícil de crear. El bloqueo del escritor seguirá surgiendo de izquierda a derecha. Además, el ensayista estará muy parcializado porque es ignorante.

La investigación es una parte clave de ser ensayista.

En esta sección, compartiré las características de ser un aprendiz permanente, cómo aprender de fuentes acreditadas y cómo utilizar la experiencia personal para recopilar información significativa.

Vamos a empezar.

|Saber mucho

Cuanto más sepas, más podrás seguir creando.

Por lo tanto, es esencial ser un erudito en ciernes para ser un creador prolífico.

*Si deseas un plan sobre el aprendizaje permanente, asegúrate de consultar mi libro **Modern Day Polymath** .*

Ray Kroc de McDonald"s pudo hacer crecer su franquicia a nivel mundial.

Sabía que no se trataba sólo de vender hamburguesas. Se trataba de asegurarse de que McDonald"s estandarizara el proceso de elaboración de hamburguesas.

Lo que Ray pensó a continuación fue fascinante.

Creó la Universidad de Hamburgo para todos los futuros franquiciados.

Estos franquiciados aprenderían la historia de McDonald"s, los procesos y cómo detectar ingredientes de calidad.

McDonald"s es posiblemente una de las empresas de comida rápida más famosas que existen. A pesar de su éxito astronómico, enfatizan la importancia de la investigación y el desarrollo y están ansiosos por estar en modo de aprendizaje permanente.

Entiéndelo... McDonald"s....hambriento...
grillos
¡Gente dura!

> ***Para ser un aprendiz permanente, es necesario tener hambre.***

"¿Por qué la gente deja de tener hambre cuando se trata de educación permanente?"

Es porque aplican erróneamente leyes físicas al mundo mental.

Si como mucha comida en un buffet, estaré lleno. Una vez que esté lleno, dejaré de comer. Ésta es la realidad física de la situación. Mi estómago puede comer tanta comida.

Subconscientemente, una persona aplica la misma mentalidad a su mundo mental. Ellos son como:
"Sólo puedo consumir una cantidad limitada, eventualmente estaré lleno".

El día que estén "llenos" es el día en que se detendrá su aprendizaje.

En cambio, asume que aprenderás **para siempre.**

No consumir con o propósito. Eso es una parálisis del análisis en ciernes.

Consumir con la intención de crear.
"¿Crear qué?"

¡Creando ensayos poderosos que te sobrevivirán!

Ten hambre.
Decir:
"Aprenderé para siempre".

Entonces, aprende para siempre.

|Fuentes acreditadas

En esta era, es difícil distinguir qué es información de calidad y qué es basura.

Se requiere mucho ensayo y error.
Ésa es la mala noticia.

La buena noticia es que hay muchas maneras de aprender.
- Hay libros que puedes conseguir por 5 dólares.
- Audiolibros.
- Pódcasts.
- Videos de Youtube.
- Entrevistas.
- Debates saludables.

Y mucho más.

"¿Con qué fuente me recomiendas empezar?"
Eso depende completamente de ti.

Mi consejo es encontrar algo con lo que ya te sientas cómodo y luego agregarle algo más.

Para mí, soy un lector y un observador. Normalmente, paso mucho tiempo leyendo un tema que me interesa. Luego también veo entrevistas y documentales.

Si eres un oyente, comienza escuchando. Infórmate en el campo y sigue agregando más.

Con el tiempo, una fuente acreditada recomendará otra fuente acreditada. A esto se le llama aprendizaje entrelazado.

- La multitarea es mala cuando detienes una tarea a mitad de camino y comienzas otra actividad.
- La multitarea es buena cuando dominas de manera integral muchas cosas que apuntan hacia un objetivo unificado.

Ve Al Grano

Algunas de las mejores investigaciones se realizarán cuando comience a escribir un blog. Luego hay un hipervínculo en el blog para una frase cuyo significado no conoces. Entonces, abre el hipervínculo en una nueva pestaña.

Continúas leyendo el blog.
Luego aparece otro hipervínculo que abres en otra pestaña.

Ahora automáticamente tienes 2 temas nuevos que de alguna manera se entrelazan con el tema inicial sobre el que planeaste escribir un ensayo.

Estos 2 nuevos temas pueden brindarle una comprensión completamente diferente del tema en cuestión.

Nunca se sabe qué contenido puede brindarte ese momento ¡ajá!

En una de las nuevas pestañas que abrió, puede haber un par de recomendaciones de libros de otras fuentes confiables.

También se pueden consultar fuentes acreditadas de profesores, compañeros de un cerebro, amigos, etc.

Sin embargo, es inteligente desarrollar tu proceso personal para buscar fuentes confiables.

Cuanto más contenido consumas, más desarrollarás una idea del material de calidad frente a la basura.

El consejo principal es comenzar con los canales con los que se sienta más cómodo y agregarlos gradualmente.

Experiencia personal

Algunos de sus mejores ensayos provendrán de experiencias personales. Estas son experiencias de primera mano que agregan una dimensión de identificación a su escritura.

Has pasado por muchas experiencias:
- Esos son los datos.

Pero, ¿con qué frecuencia haces una introspección sobre las experiencias por las que has pasado?

Lo bueno de escribir ensayos es que te pondrá en contacto visual contigo mismo.

La introspección es una tecnología poderosa para aprender sobre uno mismo en un nivel más profundo.

Decir:
- Tengo mente y cuerpo.

Te objetivarás a ti mismo.
A partir de ahí, ve hacia donde van los sentimientos.

La experiencia personal se puede utilizar en un ensayo para ampliar aún más su punto. No te dejes llevar tanto por tus experiencias personales que tu ensayo empiece a perder su lógica. En su lugar, sea estratégico al agregar anécdotas y cosas así.

Cuanto más introspecciones, más **extraes tus experiencias.**

1 Con una empresa de relojes de oro, extraen el campo.
2 Dentro del campo extraen oro.
3 Cuando tienen el oro, lo pasan a través de una empresa fabricante

que convierte el oro en un reloj de oro.

Similarmente:

1. Un ensayista extrae sus experiencias (introspección).
2. De sus experiencias extraen sabiduría.
3. Cuando tienen la sabiduría, la pasan a través de una empresa fabricante (tema del ensayo) que convierte la sabiduría en un ensayo.

Parte 4:

Creando un esqueleto

|Qué esperar

Planificar tu ensayo te hará la vida mucho más fácil. Es como si tuvieras un GPS y ahora sólo estuvieras siguiendo instrucciones.

- A algunas personas les gusta ser muy detalladas con su esquema.
- Algunas personas son muy generales con su esquema para poder sorprenderse al escribir su ensayo.

En esta sección, voy a hablar sobre la importancia de delinear tu ensayo y cómo hacerlo para principiantes.

Quiero decir, para gente inteligente.

Importancia de delinear tus ensayos

Un esquema te da dirección.
Compramos la señal y el ruido antes.

- La señal es la información significativa.
- El ruido es la basura.

Un contorno te permite detectar la señal del ruido con **facilidad** .

Sin ningún esquema, todo te parecerá una señal y correrás el riesgo de divagar en el formato word.

El esquema no solo es una excelente manera de tener dirección, sino que también es una forma divertida de *iniciarse* en el proceso de escritura.

Imagínate crear un contorno como agregar ruedas de apoyo a una bicicleta.

Quizás algún día superes el contorno. Pero no se sorprenda si el bosquejo se convierte simplemente en parte de su proceso de escritura. Algo sin lo que no puedes vivir.

Con el esquema, harás de la redacción de ensayos un *proceso de ensamblaje*.

Muchas grandes empresas no siguen construyendo cosas desde cero. A medida que evolucionan, se consideran ensambladores de x, y y z.

Cuando tienes un esquema sólido, generas convicción detrás de cada palabra de tu ensayo. Con convicción, el síndrome del impostor desaparece. Sin el síndrome del impostor, puedes escribir con poder, lógica y claridad.

Entonces, el esquema da:

- Dirección.
- Confianza.
- Convierte la redacción de ensayos en un proceso de montaje.
- Y hace que el viaje de escritura sea divertido.

Método de esquematización formal

El método formal es conseguir una hoja de papel ordenada o un documento de Microsoft Word.

A partir de ahí, crea el gran por qué de tu ensayo, viñetas y subviñetas.
"¿Y?"
No hay "y".
Eso es todo.

Para darte un ejemplo...

Big Why (Gist) *: el propósito de este ensayo es resaltar por qué el baloncesto es el mejor deporte para los* *profesionales ocupados que luchan por mantener una vida social.*

- Introducción: brinda una descripción general de qué esperar en el ensayo.
- Punto 1 – Simplicidad del baloncesto.
    - Las reglas se pueden aprender en un día.
    - Se necesitan pocos elementos.
    - No requiere demasiados miembros para jugar.
- Punto 2: cultiva una mentalidad de trabajo en equipo.
    - El baloncesto enseña a trabajar en equipo.
    - Enseña a los jugadores a participar en un sistema y trabajar hacia un objetivo unificado.
- Punto 3 - Gran evento de networking.
    - El baloncesto permite la comunicación durante el juego.

- o La amistad se construye cuando un grupo enfrenta desafíos juntos.
- Punto 4: Anécdota personal para aclarar el punto.
  - o Cuenta la historia de cómo utilicé el baloncesto para ampliar mi círculo de amigos cuando me mudé fuera del estado.
- Conclusión: resalta los puntos principales y haz un llamado a la acción.

Todo lo que necesitaba para crear este esquema fueron 3 variables:
- gran porque
- Balas
- Subviñetas

La plantilla es:

El gran por qué (esencia del ensayo) -

- Introducción – (Brinda una vista previa de qué esperar).

- Punto 1
  - o Subpunto 1
  - o Subpunto 2
- Punto 2
  - o Subpunto 1
  - o Subpunto 2
- Punto 3
  - o Subpunto 1
  - o Subpunto 2
- Conclusión – (Resumir los puntos principales y dar un posible llamado a la acción).

Los números son arbitrarios.

Método de esquema informal

Para ser informal, consigue una servilleta.
Arrúgalo.
Y crea tu contorno en la servilleta arrugada.

Se necesitan las mismas 3 variables:
- gran porque
- Balas
- Subviñetas

"Está bien Armani, ¿por qué diablos estoy creando un contorno en una servilleta? ¿Y por qué diablos estoy arrugando la pobre servilleta?

Para eliminar el pensamiento excesivo e invitar a la diversión.

Esto es lo que sucede a menudo al escribir ensayos:

- La gente se pone muy rígida.
- Cuando alguien está rígido, piensa demasiado.

Cuando usamos una servilleta, automáticamente invitamos a un nivel de juego a escribir ensayos. Arrugar aún más la servilleta nos permite convertir esto en una actividad informal.

> ***No escribimos ensayos porque sea necesario, ¡lo hacemos para relajarnos después de un día ajetreado!***

Además la servilleta es bastante pequeña. Esto te permite llegar al punto más rápido.

Te verás OBLIGADO a crear solo los puntos importantes para tu esquema. Cuando se capturan los puntos importantes, el contenido simplemente fluirá...

Parte 5:

Como crear

|Qué esperar

Has creado un esquema.
¡Con suerte, estás ansioso por escribir el contenido!

Un gran ensayista nunca crea y edita al mismo tiempo.
- Ellos crean LUEGO editan.

Este es el código de trampa más grande que existe. ¡¡Hay muchos ensayistas veteranos que no tienen ni idea de que existe este simple código de trucos!!

Permítanme repetir este punto porque es muy importante:
- Nunca crees y edites al mismo tiempo.
    - Haz uno, LUEGO el otro.

En esta sección, voy a compartir la mentalidad creativa, cómo crear un borrador y por qué el cronómetro es tu mejor amigo.

¡Vamos a empezar!

Mentalidad de creación

La razón por la que las personas tienen dificultades para crear ensayos o contenido en general es porque crean y editan al mismo tiempo. Pero los dos tienen métodos completamente diferentes.

- La creación debe ser rápida y realizarse con valentía.
    - Actúa como si fueras la única persona en el mundo.

- La edición es más deliberada y precisa.
    - Actúa como si el mundo viera tu escritura.

Con la mentalidad de creación, no nos importa la puntuación, la gramática, la ortografía y todo eso. Nuestro único objetivo es obtener nuestras ideas de:

- Mente -> realidad.

No puedo dejar de enfatizar lo importante que es crear sin preocuparse por el mundo.

Si dedicaste tiempo a tu esquema, entonces tú, más que nadie, deberías estar creando rápido. Esta estrategia te permite DEMOLER a través de cualquier pensamiento excesivo.

No tienes un problema de creatividad. Tienes un problema con la fecha límite, amigo.

Nunca crees y edites al mismo tiempo.

- Es como pisar el acelerador y el freno al mismo tiempo.
- Es como intentar perder peso y ganar peso al mismo tiempo.

- Eso es como intentar invitar a personas tóxicas a tu vida y al mismo tiempo intentar aislarlas.

¡Absurdo!
¿Entiendo?
"Sí, señor."

Bien, ahora entiendes la mentalidad de creación. Entendamos la belleza del borrador.

|Borrador

El borrador es exactamente eso, es tosco.

Tiene muchos de los puntos importantes de su ensayo y su flujo lógico.

Pero parece un desastre.
Diablos, parece un poco desagradable.

La mente del síndrome del impostor es como:
Se supone que debes escribir ensayos.
¿Pero estás escribiendo esta basura?

Aquí es donde la redacción de ensayos y la ingeniería eléctrica se vuelven muy similares.

¿Alguna vez has intentado desmontar algunos de los productos digitales de tu vivienda?

Si miras hacia dentro, muchas de las entrañas del circuito son feas. Cables por todos lados, condensadores sobresaliendo y marcas de pegamento en las placas.

¡Parece horrible!
Pero el ingeniero eléctrico comprende el proceso de creación de un producto útil.

Están creando el circuito funcional, luego lo decoran con una carcasa de plástico y botones que el usuario puede experimentar.

Asimismo, vamos construyendo el circuito de nuestro ensayo con el borrador.

Con el tiempo, puliremos la ortografía, la puntuación y la estructura de las palabras.

Por ahora, utiliza el borrador para expresar rápidamente tus ideas.

|Sobrescribir

Aquí hay una pequeña nota:
Es mejor tener demasiados escritos que puedas eliminar que tener pocos escritos que estés tratando desesperadamente de agregar.

Este paradigma te permite además ser **libre** en el proceso de borrador.

Siempre que tengas dudas durante la sección del borrador, di:
"Me ocuparé de mis preocupaciones en la etapa de edición".

Escribe todo lo que puedas en la sección de borrador. Si investigaste de antemano y sabes MUCHO sobre el tema, entonces escribir mucho debería parecer un trabajo ligero.

Temporizador = Mejor amigo

El cronómetro es tu mejor amigo cuando creas ensayos.

Hay algo en conocer la cuenta regresiva del cronómetro que genera urgencia. Te obliga a dejar de pensar demasiado y empezar a crear.

Obtén un temporizador analógico o utiliza el temporizador de tu teléfono.

"¿Cuánto tiempo debo configurar en el cronómetro?"

Lo que creas que te llevará crear un borrador, divídelo entre 2 o 2,5.

Si crees que te llevará 1 hora, tómate 30 minutos o 24 minutos.

Notarás que la urgencia hace que te concentres sólo en los puntos GRANDES.

Divagar en un ensayo es un lujo al que se enfrenta alguien que se ha dedicado demasiado tiempo.

Pero cuando ahorras tiempo, tú:
- *Eliminas el bloqueo del escritor.*
- *Reduces el pensamiento excesivo.*
- *Te concentras en los puntos importantes.*

Por lo tanto, configura el cronómetro.

Y escribe rápido...

Tu objetivo es convertir el esqueleto del esquema en un cuerpo de trabajo que muestre signos de vida.

Parte 6:

Cómo editar

|Qué esperar

La gente suele confundir la edición con la corrección. Pero los 2 son muy diferentes. Llegaremos a la revisión en la siguiente sección.

En esta sección, voy a compartir la filosofía de la edición.

Verás exactamente por qué dije que nunca crearas y editaras al mismo tiempo.

En esta sección, aprenderás qué es la edición, en qué concentrarse y cómo hacer que tu escritura suene conversacional.

| ¿Qué es la edición?

> **La edición es un proceso de limpieza de la escritura para que sea agradable de consumir.**

La edición requiere:
- Eliminación de secciones redundantes.
- Posiblemente agregar algunos puntos nuevos.
- Deshacerse de patrones de habla incómodos.
- Arreglar la gramática y mucho más.

Imagínate como un director de cine con muchísimo poder. Se filmó mucha película durante la grabación.

Ahora lo estás viendo de nuevo. Eres como:

Ve Al Grano

- *Llévate esto.*
- *Pon esto aquí en lugar de aquí.*
- *Añade música a esta escena.*

Toda la edición se realiza con el único propósito de darle vida al punto principal para que sea agradable de consumir.

No edites sin rumbo.
Edita con la intención de preguntar:
- ¿Esto hace avanzar mi punto principal o no?

Si no, elimínalo.

Mi proceso de edición

La edición se convierte en un ritual para diferentes ensayistas. Todos compartirán su filosofía sobre cómo se debe editar un ensayo.

Aquí está mi proceso de edición:
1. Arreglar las líneas rojas.
2. Eliminar la basura.
3. Volver a leer mentalmente el contenido para ver si fluye.

1. Arreglar las líneas rojas

A menudo escribo mis ensayos en Microsoft Word. Durante el borrador, me concentré sólo en las ideas. No tuve en cuenta la ortografía, la gramática, la puntuación, etc.

Ve Al Grano

¡Por lo tanto, tengo un **montón** de líneas rojas mirándome!

Aquí es cuando me alejo y empiezo a leer el contenido y a corregir errores ortográficos y gramaticales obvios.

Hay algunas palabras mal escritas que Microsoft Word no detectó, así que dedicaré algo de tiempo a corregirlas.

Mi objetivo es hacer todo este proceso de limpieza bastante **rápido**. Mi mente está preparada para concentrarse automáticamente en la siguiente palabra u oración mientras arreglo la palabra u oración actual.

Mi principal intención es deslizarme por esta etapa.

Esto es lo que yo llamo arreglar la fruta madura. Este es el primer recorrido por el proceso de edición.

Una vez que hayas leído todo el documento, comienzo con el paso 2.

2. Eliminar basura

En la sección de borrador, **siempre** escribo demasiado. Por lo tanto, rara vez paso mucho tiempo en la sección de edición agregando contenido. Ocurre ocasionalmente. Pero en su mayor parte, entro con la intención de eliminar más que de agregar en esta etapa.

Una vez aclarada gran parte de la ortografía, leo el contenido y me deshago de lo siguiente:
- *Palabras innecesarias.*
- *Puntos repetitivos.*
- *Frase incómoda.*
- *Y frases que no avanzan en mi punto principal.*

Esta es la sección en la que soy **despiadado**.

Tengo un **blog en el sitio web Armani Talks** donde publico habitualmente entradas de aproximadamente 1000 palabras. En la etapa de creación, a veces las palabras llegan al rango de ~1200 palabras.

Una vez que termino de eliminar, lo reduzco a 1024 palabras. Para los libros, he recortado de 42.000 palabras a 36.000 palabras.

Oye, ¿qué puedo decir? Sobrescribo la sección del borrador por una razón. Sé que la sección de edición se encargará de eso.

Vuelva a leer mentalmente el contenido.

Entonces, arreglé la ortografía, la gramática y la puntuación. Eliminé mucha basura.

Ahora llega el momento de la verdad. Vuelve a leer el contenido.

Aquí es cuando hago zoom en mi escritura para poder ver una página a la vez, hago clic en el botón de desplazamiento giratorio del mouse, lo apunto hacia abajo y leo suavemente mi arduo trabajo.

¡Este paso es bastante terapéutico si me preguntas!

Leo mentalmente el contenido para ver si me suena.

No quiero que me hablen un montón de palabras.

Quiero que YO hable conmigo.

Soy mi lector ideal y el objetivo exacto para el que escribo. Por lo tanto, me resulta fácil ver:

- *¿Esto me suena a mí o no?*
- *Vaya, los puntos se exponen de una manera muy realista.*
- *¡Es como si este ensayista estuviera teniendo una conversación 1 a 1 conmigo!*

Seguiré leyendo el contenido hasta que se hayan solucionado todos los problemas.

Ve Al Grano

Estos son mis 3 sencillos pasos de edición:
1. Arreglar las líneas rojas.
2. Eliminar la basura.
3. Volver a leer mentalmente el contenido para ver si fluye.

Parte 7:

Cómo corregir

|Qué esperar

En la última sección hablamos de edición. En esa sección, viste que editar no era sólo un trabajo ocupado. La edición es lo que da vida a tu escritura.

Hay que pulir, reorganizar, eliminar y volver a leer.

La revisión es el último paso antes de la publicación.

Aquí es cuando es aconsejable repasar el contenido por última vez y asegurarse de haber escrito correctamente la ortografía, de que los párrafos estén divididos adecuadamente para adaptarse al mensaje y de que el formato sea correcto.

Hay 2 formas de realizar la revisión. Repasemos cada método.

|1 - Hazlo tú mismo

El buen método de bricolaje.

Revisar tu propio contenido puede no parecer divertido. Especialmente cuando sientes que has leído **CADA** palabra y un lector te notifica un error ortográfico.

Esto daña el ego.

Pero yo diría que corregir tu propio trabajo fortalece el carácter. Te permite supervisar TODO el proceso de redacción del ensayo.

Del proceso del panorama general, cosas como delinear.
A las cosas detalladas como crear/editar.
Y a las *microcosas* como la revisión.

Ve Al Grano

Estás poniendo tus representantes en ensayos y esto te permite desarrollar un amor más fuerte por las palabras.

Revisa el documento y elimina los errores ortográficos, gramaticales y de sintaxis.

El método "hazlo tú mismo" es una de las mejores formas que tiene un ensayista de dominar su oficio.

2 - Contrata a alguien para que revise

Existen muchas fuentes donde puedes contratar a alguien para que revise. Fiver, Upwork, Wordy, etc.

Si tienes los fondos, puedes automatizar este paso.

Con el tiempo, formarás una relación con el corrector que conoce tu estilo de escritura.

El proceso de encontrar el corrector adecuado para ti está fuera del alcance de este libro.
Solo debes saber que existen muchos servicios de revisión.

Parte 8:

¡PUBLICAR!

|Qué esperar

Publicar es el arte de concienciar a los demás.

Hay muchos ensayistas que no son realmente ensayistas. Son teóricos.

O me gusta llamarlos ensayistas de sillón.

"Si estuviera escribiendo el ensayo, habría dicho esto, esto y esto".

"Oh, soy ensayista. Nunca publiqué mi trabajo, pero tengo mucho material, créeme."

"Me pondré a publicar uno de estos días..."

Estos son dichos de alguien a quien no se le puede tomar en serio.

Debes publicar tu trabajo para realizar mejoras con el tiempo.

Permítanos comprender el poder de la publicación.

Importancia de la publicación

Publicar por primera vez puede resultar muy difícil. Especialmente si eres una persona discreta que no quiere que otras personas le hagan agujeros a tus ideas.

Pero lo importante que debes entender es que publicar tu trabajo será más fácil con el tiempo.

Crea un cronograma de creación de contenido y síguelo.

No te permitas tener mucho que decir.

En 2019, todo el mundo publicaba boletines informativos diarios. Pensé que eso era excesivo. Escribí un boletín por semana.

Después de publicar mi trabajo constantemente, mi audiencia aumentó gradualmente. Una vez que mi audiencia aumentó, decidí que quería practicar más. Fue entonces cuando comencé a publicar boletines diarios.

Una cosa al publicar tu trabajo es que te hace responsable.

Al momento de escribir este libro, lo he publicado durante más de 1100 días sin fallar. ¡Eso es mucho escrito!

Y como tengo todo ese contenido, pude crear **cuentos, ensayos y conocimientos 101. ¡ Serie que tiene hasta 4 libros en este momento !**

Por lo tanto, es importante no sólo tomarse en serio la publicación de su trabajo. También se trata de crear un cronograma de creación de contenido que elimine todas las conjeturas.

Vuelve a leer tu contenido anterior

En la sección 4 de investigación y desarrollo, hablé de las diferentes formas de acumular información.

Hablamos de leer, mirar y escuchar durante el consumo de contenido. Luego hablamos de aprender de la experiencia personal.

> **Bueno, volver a leer tu propio contenido es un híbrido entre consumir el contenido de otras personas y el tuyo.**

"¿Qué quieres decir? ¿En qué se parece leer mi trabajo a consumir el contenido de otra persona? ¡Yo soy quien lo escribió!"

Lo sé... Pero verás que tu estilo de escritura actual en comparación con tu contenido anterior ha evolucionado/cambiado tanto, que parece como si lo hubiera escrito una persona diferente.

Por contenido antiguo me refiero a muy antiguo. Quizás tu primer escrito.

Tengo una filosofía simple:

> **Si no te avergüenzas de tus escritos antiguos, eso significa que no estás escribiendo lo suficiente.**

Algunas personas no quieren volver a leer sus escritos antiguos porque les da vergüenza física.

Es como cuando Facebook decide mostrarte tus publicaciones antiguas y piensas:
"No puedo creer que solía hablar así".

Bueno, ¡supéralo!
Esto es parte de ir al grano.

Ve Al Grano

Al leer tus antiguos escritos, a veces te sorprenderás.
Estarás como:
"No puedo creer que mi yo más joven supiera eso en aquel entonces. ¡Qué gran manera de dejar claro este punto!"

Otras veces, leerás el contenido y pensarás:
"Date prisa y ve al grano ya. ¡¡Estás divagando demasiado!!"

Los conocimientos que obtengas al leer tu contenido anterior se pueden aplicar directamente a tus nuevos ensayos.

Esto conducirá a una mayor investigación y desarrollo que te permitirá pulir un poco más tu juego.

- Los grandes deportistas siempre ven su película.
- Los grandes ensayistas siempre leen sus ensayos.

Parte 9:

Creando un imperio con ensayos

|Qué esperar

Aquí hay 2 predicciones para el futuro.

1. El contenido de formato breve experimentará un aumento en popularidad.
2. La gente ya no será leal a las personas, sino a los universos.

Permítanme explicar ambas posiciones.

Con una gran cantidad de contenido en Internet, irónicamente estamos retrocediendo en el tiempo.

En el pasado, la narración oral era la reina. Esto fue antes de los libros, las obras de teatro y las películas.

Estos narradores orales necesitaban saber cómo ir al grano para poder transmitir información significativa a las masas.

Con el paso del tiempo, comenzamos a desarrollar tecnología. La escritura se convirtió en una cosa, la imprenta se convirtió en una cosa, CGI se convirtió en una cosa.

A partir de ahí, nos presentaron el contenido de formato largo.

No hay nada de malo en el contenido de formato largo. Un ensayo se puede escribir en formato extenso.

Sin embargo, un ensayista puede utilizar un montón de *microensayos* para construir un conjunto de trabajos y compartir su filosofía con el mundo.

Esta es una excelente manera de hacerse un nombre.

La gente será leal a los universos.

Otro subproducto de una gran cantidad de contenido es que amplía las posibilidades. Cuando se combinan diferentes contenidos, se produce el surgimiento de un universo.

Piensa en Marvel.

En el pasado, la gente decía:
- Soy fanático del hombre araña.
- Soy fanático de Hulk.
- Soy fanático de Thor.

¡Hoy en día, Marvel está haciendo una película con los 3 a la vez!

La gente es más leal a Marvel que a los superhéroes solitarios.

La belleza de la redacción de ensayos es que es muy dinámica. Te permite presentar tus ideas desde múltiples ángulos.

Cómo crear una fórmula universal:
1. Crear contenido
2. Conectar contenido.

Sigue creando, publicando y perfeccionando. Pronto, un ensayo inspirará al otro y tendrás un universo en poco tiempo.

La práctica hace progresos

Escribir ensayos es un oficio.

Un artesano de renombre nunca dice:
"Lo sé todo sobre este campo".

En cambio, dicen:
*"Cuanto más aprendo, más me doy
cuenta de que tengo más que aprender".*

Lo cual es un buen problema.

- La escritura se volverá más fluida
  con el tiempo.
- Las palabras inútiles desaparecerán
  más rápido.
- Y será mucho más fácil ir al grano.

Es importante crear una rutina de práctica que funcione para ti.

Debido a la naturaleza del negocio de ArmaniTalks, escribo literalmente todos los días. Escribo en una variedad de plataformas que van desde el blog ArmaniTalks, el boletín informativo y Twitter.

Esa es mi rutina de práctica.
Fíjate como objetivo desarrollar tu propia rutina de práctica y cúmplela.

Lo que me lleva a mi siguiente punto...

Solidifica tu proceso de escritura

Todo este libro se puede resumir en:
1. Escribe ensayos para exponer un punto.
2. Investigación.
3. Crea un esquema.
4. Crea el borrador rápidamente.
5. Edita en iteraciones.
6. Corrige.
7. Publica.

Literalmente puedes robar esta fórmula y tendrás contenido infinito.

Si hay alguna parte del proceso que desea modificar, entonces permítete hacerlo.

¡Cuantos más riesgos corras, mejor!

Y si no funciona, al menos sabes lo que no funciona.

Ideas generacionales

Hoy en día se habla mucho de riqueza generacional.
Genera una inmensa cantidad de riqueza que pueda transmitir a las generaciones futuras.

> **Una remezcla de la riqueza generacional son las ideas generacionales.**

Qué genial sería si pudieras transmitir tu trabajo a las generaciones futuras para que puedan establecer contacto visual con tu:

- Filosofía.
- Experiencias.
- Estilo de enseñanza.

- Lógica.

¡Y mucho más!

Dado que vivimos en la era dorada de la creación de contenido, cualquiera puede crear contenido.

Sólo es cuestión de tener ganas, constancia y procesos.

La redacción de ensayos es una habilidad imperecedera.

Eso significa que sólo mejoras con el tiempo.

|Últimas palabras

¡Ahí tienes!
La guía para principiantes sobre la redacción de ensayos.

Este libro fue simple y directo al grano a propósito. Cuando llenas tu mente con demasiadas estrategias, es probable que no empieces.

Al escribir ensayos, se trata de tener algunas herramientas para comenzar y luego comenzar.

Las personas verdaderamente sabias comienzan antes de estar preparadas.

Después de leer este libro, es posible que aún tengas dudas.

Siempre tenemos dudas.

Pero no pierdas más tiempo.
El tiempo es dinero.

Empieza a escribir ensayos.

Ensayo tras ensayo hará crecer tu imperio. Pronto, otras personas se acercarán a ti y te dirán:
"¡Muchas gracias por publicar eso! Me ayudaste a percibir la vida de una manera nueva."

Si disfrutaste de este libro y deseas seguir la marca ArmaniTalks, asegúrate de visitar **armanitalks.com** .

Este sitio web tiene gran parte de mi contenido, desde blogs, podcasts, videos, libros y mucho más.

Además, publico un boletín diario que comparte un ensayo diario sobre cómo

Ve Al Grano

mejorar tus habilidades de comunicación.
Regístrate aquí:

- **armanitalks.com/boletín** _

¡Gracias de nuevo por comprar el libro!

PD:
¡Ve al grano!

— ARMANITALKS 🎙️🔥